BERRY

Pays d'images

« **Berry, Pays d'images** » est édité par :
Éditions du Berry Magazine - S.E.P.P.

Directeur de la collection :
Marc Moser-Tordeur

Photographies :
Christophe Deschanel

Textes :
Christine Méry-Barnabé

Préface

Situé au sud du Bassin parisien et à l'orée du Massif central, le Berry est avant tout au centre d'une France qu'il a rejointe très tôt, à l'époque de la monarchie capétienne. Son histoire épouse ainsi naturellement celle du royaume, puis de la République, dont il s'est toujours fait l'écho, avec parfois ce léger décalage qui sépare la province de la capitale.

Disparue en tant qu'entité à la fin du XVIIIᵉ siècle, lors de la création des départements, l'ancienne province de Berry a su se maintenir à travers les liens nombreux qui perdurent, aujourd'hui encore, entre le Cher et l'Indre…

Où que l'on regarde en effet, il demeure impossible de dissocier les deux départements car tout les rattache l'un à l'autre : le patrimoine, la gastronomie et jusqu'aux paysages naturels qu'ils se partagent (Boischaut, Champagne…).

C'est ainsi qu'il n'a pas été seulement anecdotique de rappeler, lors de la célébration du cinquième centenaire de la fondation de l'Annonciade, à Bourges dans le Cher, que Jeanne de France avait également résidé à Châtillon, commune située aujourd'hui dans le département de l'Indre.

Les deux départements défendent aujourd'hui la même ambition : s'engager ensemble dans le troisième millénaire avec le même éclat que celui qui caractérise ce coin de France où le gothique pointe ses flèches si haut dans le ciel et où l'on peut encore parcourir, inchangés, les paysages chers à George Sand, à Alain-Fournier et à Marguerite Audoux…

Louis PINTON
Président du Conseil général de l'Indre

Rémy POINTEREAU
Président du Conseil général du Cher

Berry, pays d'images...

Berry cœur de France. « Un Berry très centre ». Si le Berry est bien la seule région qui puisse revendiquer le centre de l'Hexagone, ses habitants, eux, ont fort à faire pour défendre leur honorifique position. Cette situation centrale se trouve régulièrement oubliée par les messieurs météo et autres hommes télévisuels, qui ont pris l'habitude de déporter très nettement ce centre vers un massif dit central. Les Berrichons revendiquent pourtant cet honneur depuis longtemps. Ne dit-on pas que déjà au XVIIe siècle, un arbre planté devant la maison de Jacques Cœur matérialisait ce centre. Quand au duc de Béthune-Chârost, il avait fait dresser en 1799, pour l'officialiser, une grande borne milliaire du IIIe siècle, au cœur même du bourg de Bruère-Allichamp où elle est toujours visible.

« Le village était célébré par les géographes parce qu'il marquait à peu près le milieu de la France. On ne savait, à vrai dire, si c'était l'église ou le rond-point qui occupait le centre exact. Comme le pôle il devait varier, suivant les années, mais on se sentait presque comme au pôle, au faîte d'un demi-globe, plus exposé, plus assuré. Les rues, les fleurs, les fossés s'évasaient sur cette terre convexe. » (Jean Giraudoux.)

Le Berry résiste bien, cœur de France il est, cœur de France il reste. Cela ne va pas sans de sournoises querelles de clochers, les villages berrichons « centraux », tous situés dans le Cher : Vesdun, Bruère-Allichamps ou Saulzais-le-Potier, se disputent encore à quelques kilomètres près l'insigne honneur de détenir, suite à de savants calculs, un cœur de France authentifié. Récemment une nouvelle ville berrichonne s'est vu aussi décerner une distinction « centrale » moins connue. Avec la mise en service de notre nouvelle monnaie, Blancafort a hérité du titre de centre de la zone euro.

Mais une question se pose. Être au cœur, est-ce une position si enviable ? Le Berry est au cœur de tout, mais aussi loin de tout, loin du soleil méditerranéen, loin des grands sommets des Alpes ou des Pyrénées et pas vraiment proche des vagues atlantiques et de la capitale.

Jean Giraudoux, qui eut une enfance berrichonne, s'en félicite : *« Je me suis toujours réjoui de ce qu'il y eût au centre de la France, non pas comme on croit, un Massif Central, mais ce qu'on pourrait appeler un Calme Central, une Placidité Centrale, un pays de plaines sans arrogance, de paysages discrets, de rivières peu bavardes. »* Le Cher et l'Indre, en présentant leur savoir-faire, leur patrimoine touristique, naturel et architectural sous une même étiquette Berry, ont tout à y gagner.

« Berry, Pays d'images » consacre l'union retrouvée de l'ancienne province à travers le regard du photographe : un exemple précurseur.

Le Berry : une très vieille histoire

La douceur de vivre en Berry était déjà reconnue par l'*homo erectus* du paléolithique. Ce lointain ancêtre choisit en effet le sud du Berry pour s'installer. Le long de la vallée de la Creuse (Éguzon), rivière poissonneuse aux versants ensoleillés, il établit des campements sommaires. L'*homo sapiens*, en connaisseur, continue à habiter cette terre. Au néolithique, il dresse des dizaines de dolmens et menhirs, avant d'implanter ses premiers villages et de forger ses outils de bronze. Bientôt vient la gloire pour les habitants de la contrée : le grand César mentionne pour la première fois le peuple gaulois des Bituriges Cubes. Un peuple riche à l'agriculture prospère dans une région fertile. Il a investi la vaste clairière au centre du pays et montre déjà son habileté à extraire le fer. Sa grande pratique du creusement de galeries occasionnera beaucoup de dégâts au dispositif romain lors du siège d'*Avaricum*. Ce peuple biturige a su aussi se donner une ville capitale, *Avaricum*, future Bourges : une ville qui est peu s'en faut la plus belle de toute la Gaule, « qui est la force et l'ornement de leur pays » (César, *De bello gallico*).

Les Bituriges apportent déjà un soin tout particulier à leurs constructions et à leurs ouvrages de défense. Après la victoire de César, une paix romaine de deux siècles intègre dans la grande Aquitaine la terre berrichonne qui en oublie ses influences celtiques pour se latiniser. Cette paix romaine va faire naître des villes aux monuments publics imposants : fontaine monumentale, théâtre et amphithéâtre, autant de vestiges toujours visibles et bien conservés à Drevant ou Argentomagus. Un très grand nombre de villas gallo-romaines associant résidence des maîtres et dépendances agricoles et artisanales s'élèvent dans la clairière. Puis ce sont les temps barbares, les VIᵉ et VIIᵉ siècles voient la domination de Clovis et de ses Francs, qui laissent bientôt la place aux ducs d'Aquitaine. Au début du Xᵉ siècle, la toute-puissance des « princes » de Déols règne sur le Bas-Berry alors que de petites châtellenies se partagent la plus grande partie du Haut-Berry. Puis le Berry devient terre royale et Philippe Auguste y installe définitivement le pouvoir de la royauté.

Pépin le Bref a imaginé en 766 pour la première fois de diviser le territoire biturige et de créer une entité administrative recouvrant le seul Bas-Berry et par là même le futur département de l'Indre. Cette expérience éphémère va renaître du Xᵉ au XIIIᵉ siècle avant d'être définitivement consacrée par le décret du 4 février 1790 pris par l'Assemblée constituante : « Le Berry est divisé en deux départements. »

La suite de l'histoire est écrite par des hommes issus du vieux pays et d'une terre berrichonne qui les a modelés.

Le Berry, une terre, des terroirs

« *Dans les pays à grands accidents, comme les montagnes élevées, la nature est orgueilleuse et semble dédaigner les regards, comme ses fières beautés qui sont certaines de les attirer toujours. Dans d'autres contrées elle se fait coquette dans les détails et inspire des passions au paysagiste.* » (George Sand.)

En Berry, ni mer, ni montagne mais une terre ou plutôt des terres. Une terre lourde ou légère, acide ou blanchie par le calcaire. Une terre qui, par ses caractè-

res, a façonné autant de terroirs variés, riches de leurs nuances. Le visiteur pressé risque fort, avec des comparaisons simplistes, de ne pas saisir ces touches subtiles qui différencient la Sologne de la Brenne, la Champagne berrichonne de la Beauce, le Boischaut-Nord de la Touraine de l'Indre et le Boischaut-Sud de la Marche limousine.

« *Le Berry n'est pas doué d'une nature éclatante. Ni le paysage ni l'habitant ne sautent aux yeux par le côté pittoresque, par le caractère tranché. C'est la patrie du calme et du sang-froid. Hommes et plantes, tout y est tranquille, patient, lent à mûrir.* » (George Sand, « Promenades autour d'un village ».)

Ceinturée de massifs forestiers qui lui font une vaste couronne, la Champagne berrichonne est largement présente dans le Cher comme dans l'Indre.

« *Cette campagne sans secret et sans pittoresque mais sur laquelle le moindre brouillard, la moindre pluie, le moindre éclat de lune apportent des mystères et des promesses qu'ils refusent aux montagnes et à la mer.* » (Jean Giraudoux.)

Ce pays de champs ouverts, aux immenses parcelles géométriques, longtemps parcours à moutons, est devenu un des greniers à blé de la France depuis l'avènement des engrais. Il vit aujourd'hui au rythme des saisons qui renouvellent sa palette de couleurs. Le vert du blé tendre et des orges, le jaune éclatant des colzas éclairent le printemps. Avant les chaleurs de l'été, les futures moissons ondulent sous la brise comme autant de vagues sur une mer infinie. Après le jaune paille de la moisson, toutes les nuances de bruns annoncent un nouveau cycle. Fastueux couchers de soleil qui embrasent l'horizon, pays des odeurs fraîches de terres labourées à l'automne ou lourdes et chaudes de paille broyée au temps des moissons. Il s'en dégage une grande impression de liberté mais il reste pour s'isoler les pelouses calcaires en bordure des grands bois et des vallées discrètes où coulent quelques ruisseaux clairs.

« *La nature… n'est ni farouche ni prévenante dans la Vallée Noire : elle est tranquille, sereine, et muette sous un sourire de beauté mystérieuse. C'est une nature qui ne se farde en rien, et qui s'ignore elle-même. Il n'y a pas là d'exubérance irréfléchie, mais une fécondité patiente et inépuisable. Point de luxe et pourtant la richesse ; aucun détail qui mérite de fixer l'attention, mais un vaste ensemble dont l'harmonie vous pénètre peu à peu et fait entrer dans l'âme le sentiment du repos. »* (George Sand, « La Vallée Noire ».)

Les paysages du Boischaut couvrent tout le sud du Berry, de Saint-Amand à Lignières et d'Aigurande à Sainte-Sévère. George Sand a immortalisé une partie de cette région de bocage, elle l'a délimitée et baptisée la Vallée Noire.

« Toutes les hauteurs sont boisées, c'est ce qui donne à nos lointains cette belle couleur bleue qui devient violette et quasi noire dans les temps orageux. » (George Sand.)

C'est le pays des bouchures. Sous forme de haies vives mêlées d'aubépine, elles quadrillent les parcelles de culture et de prés. Les chemins creux, les traînes invitent toujours aux promenades à l'abri des chaleurs de l'été et l'écrivain aimait à pousser au galop sa jument Colette sur les brandes, ces étendues désertes et incultes. C'était aussi le pays des têteaux. Dommage qu'ils soient devenus bien rares ces arbres aux silhouettes étranges, aux branches mutilées, aux troncs noueux qui émergeaient des haies. Leur sacrifice, chaque année, fournissait en fourrage les moutons du pays pendant l'hiver.

« Tout est ébranché impitoyablement pour la nourriture des moutons l'hiver… La verdure touffue renouvelée ainsi chaque année prend une intensité extraordinaire. » (George Sand.)

Région traditionnelle d'élevages divers, cette région longtemps préservée a vu ses pratiques culturales se transformer. Elle a conservé cette vocation d'élevage et on y rencontre surtout des bovins pour l'embouche. Même l'âne berrichon, le grand noir, a failli disparaître. Des remembrements osés ont dégagé de l'espace pour des cultures céréalières qui modifient à l'excès l'aspect du pays. Le Boischaut lutte aujourd'hui pour la survie de ses paysages et de ses eaux claires, de plus en plus en péril avec des élevages intensifs de porcs et de volailles. Les amis de George s'en inquiètent.

Entre Boischaut et Limousin la vallée de la Creuse, que les paysagistes ont tant appréciée, même calmée par trois barrages a encore belle allure.

« Le sol se déchire tout à coup et dans une brisure de deux cents mètres de profondeur, revêtue de roches sombres et de talus verdoyants, coule, rapide et murmurante la Creuse aux belles eaux bleues, rayées de rochers blancs et de remous écumeux. » (George Sand, « Promenade autour d'un village ».)

La Sologne berrichonne, dans le Cher à l'extrême nord du Berry, autour de ses deux capitales, les villes d'Aubigny-sur-Nère et Argent-sur-Saudre, revêt souvent l'apparence d'un pays désolé et secret.

« Mon pays qu'on ne voit bien qu'en écartant les branches. » (Alain-Fournier.)

Alain-Fournier, qui en fut le chantre, lui a conféré ses lettres de noblesse. Pourtant il a contribué à en renforcer le caractère mystérieux avec sa description de la fête étrange dans son roman *Le Grand Meaulnes*.

« Pas un bois, pas une âme. Pas même le cri d'un courlis dans les roseaux des marais. Et sur cette solitude parfaite, brillait un soleil de décembre, clair et glacial. » (Alain-Fournier.)

Ici les grandes étendues de landes sont interrompues par des bois de sapins ou de bouleaux et les étangs eux-mêmes sont discrets et silencieux. Ce pays austère, sauvage, difficile est devenu le paradis des chasseurs.

Le Pays Fort se situe au nord-est du Cher. Il doit son nom à la nature de son sol compact, lourd, peu perméable et bien différent du sol léger et sableux de la Sologne voisine. C'est un pays attachant, calme, à l'écart des grandes voies de communications, très apprécié des touristes comme il le fut semble-t-il du roi Henri IV. Sully le dota d'une ville à l'ordonnance parfaite, Henrichemont, et les grandes forêts de chênes et de hêtres en font la fierté. Les ressources en bois ont contribué avec la présence de terres gréseuses à l'installation d'un artisanat traditionnel, la poterie de La Borne. Ses productions contemporaines sont connues sur le plan international et ses pièces les plus anciennes figurent au musée du Berry à Bourges. Dans ce Pays

Fort deux régions tranchent par leur originalité. Tout d'abord le Sancerrois à l'est, berceau du célèbre vignoble qui a conquis les pentes des collines entourant le fameux piton de Sancerre.

« Sur son mont isolé, au pied de son donjon, Sancerre, semblable encore à une ville forte, est comme assiégée par le vignoble reconstitué. Toutes les pentes sont couvertes de pampres amoureusement soignés. » (Ardouin Dumazet, « Voyage en France : Berry et Poitou oriental ».)

La seconde région, la clairière de Saint-Martin-d'Auxigny, s'est transformée en un immense verger, le jardin des délices berrichon. Les fleurs de ses milliers de pommiers réjouissent les printemps et la petite pomme verte de pays a fait place aux pommes rouges ou jaunes, red delicious et golden, au destin très européen.

Dans l'Indre, la Brenne est le paradis des amoureux de nature et d'authenticité. Avec son label de Parc régional décerné en 1989 elle attire de plus en plus de visiteurs. Ils viennent chercher là une nature protégée, des paysages bien particuliers et un patrimoine rural et architectural de qualité. Cette Brenne reculée, insalubre, était pourtant défavorisée au XIXe siècle : un plateau uni, triste, malsain et pauvre…

« Couverte d'étangs et de bruyères, portant une végétation folle d'herbes inutiles… Pour le peintre et le romancier cette terre ne manque pas de caractère. Il y a même une certaine poésie de la désolation dans ces plaines de roseaux desséchés par la canicule. » (George Sand.)

Depuis des siècles ses malheureux habitants souffrant de fièvres chroniques avaient l'espérance de vie la plus courte de tout le Berry. Un immense contraste avec l'engouement que la Brenne suscite aujourd'hui. Armés pacifiquement de leurs jumelles, les bottes aux pieds, les passionnés s'initient à la découverte de la faune et de la flore, font une pause à la Maison du Parc et admirent la toute nouvelle Maison de la Nature. Pourtant la Brenne ne se donne pas au premier venu, il faut prendre le temps de l'apprivoiser. C'est le pays du grès, ce grès rouge que l'on retrouve sur les maisons et qui, peu sensible à l'érosion, a modelé les paysages et formé les buttons si caractéristiques. Couverts de bruyères et d'ajoncs, ils émergent des prairies où paissent des bovins placides. Pays de grès mais aussi pays de l'eau avec plus de 1 500 étangs. Le Brennou, modeste, a gardé l'habitude de surnommer son pays pays des mille étangs. L'activité piscicole ancestrale très modernisée est toujours une activité essentielle de la Brenne et la vidange et la pêche d'un étang, un grand moment, un spectacle inoubliable. Terre d'accueil des oiseaux migrateurs, lieu essentiel de nidification des canards, c'est aussi la patrie de la cistude, cette tortue de Brenne devenue l'emblème du Parc. La France s'est engagée à protéger cette zone humide reconnue sur le plan international et le bon sens berrichon fait le reste en permettant la cohabitation des chasseurs, des ornithologues, des pisciculteurs et des passionnés de nature.

Dans le Boischaut-Nord, un temps Gâtine ou encore Touraine de l'Indre, alternent forêts profondes, bocage et vallées paisibles. Ses troupeaux de chèvres produisent un fromage réputé et historique, le Valençay, en forme de pyramide tronquée, et les vignobles de ses coteaux, des vins qui commencent à être reconnus.

Le Berry des saveurs

De tous ces terroirs est issue une cuisine qui ne s'embarrasse pas d'artifices. Solide, rustique, généreuse, elle utilise à bon escient ce que le pays lui offre en abondance. Elle s'adapte aux saisons et en révèle toute la richesse. Le pâté de Pâques est devenu incontournable : une bonne pâte brisée, des œufs durs et de la viande. Le succès de ce plat déborde largement le temps des primevères, on en trouve maintenant toute l'année. Que dire des fameuses galettes aux pommes de terre : plus d'une dizaine de recettes sans compter celles aux fromages de chèvre. Chaude, dégustée debout devant la buvette des marchés aux volailles, avec un coup de gris, la galette réconforte en toute saison. Rustique, elle s'invite pourtant aux mariages et même aux vernissages d'expositions. En Berry les fromages de chèvre sont rois. Ils méritent largement leurs AOC et leur célébrité, comme celle du petit crottin de

Chavignol, des goûteux Pouligny-Saint-Pierre, sans oublier la pyramide cendrée et tronquée de Valençay. L'alliance avec les grands vins berrichons est toute faite et les noms connus : Sancerre, Reuilly, Quincy, Menetou-Salon offrent des blancs prisés mais aussi pour la plupart d'entre eux des rouges de grande qualité. Les vins de Châteaumeillant et Valençay s'améliorent sans cesse. Nos chefs ont remis à l'honneur les légumes traditionnellement cultivés en Berry : lentilles vertes et potirons font les soupes de l'hiver. La charcuterie est très présente et si on ne tue plus beaucoup le cochon dans les fermes, les bons charcutiers fabriquent toujours leur andouillette et andouille de campagne. Poulet au sang ou en barbouille, carpe de Brenne, gibiers de Sologne, œufs à la couille d'âne, en fait pochés au vin rouge, citrouillat (pâté à la citrouille) : la table est mise. Pour le dessert la maîtresse de maison a ramassé ses fruits au jardin : clafoutis aux cerises, tartes aux pommes ou aux prunes. Un petit café dans un mazagran et un peu de kirsch du Blanc avant que ce produit renommé disparaisse faute de producteurs. C'est aussi tout cela le Berry.

Le Berry des hommes

« En général les habitants de ce département ne sont pas d'une haute stature, ni d'une constitution robuste, leurs formes ne sont pas athlétiques ; leur teint est blafard, leur peau sans coloris, leurs cheveux sont châtain brun, ils ont le regard timide, les yeux sans vivacité, leur physionomie a peu d'expression ; leur allure est embarrassée, leur imagination lente, ils n'ont aucun accent mais ils traînent sur les mots… La lenteur forme le fond de leur caractère, ils la portent dans tout ce qu'ils font ; dans leurs travaux, dans leurs plaisirs, dans leur démarche, dans leur langage. » (Dalphonse, préfet de l'Indre, 1804.)

On connaît l'adage célèbre : *99 moutons et un Berrichon ça fait 100 bêtes*, en apparence peu flatteur. Pourtant il n'a rien de déshonorant et le Berrichon n'est « pas si bête ». Cette maxime témoigne seulement d'une habile manœuvre pour ne pas payer à l'octroi.

Le premier préfet de l'Indre trace des habitants du Bas-Berry un portrait bien peu flatteur. Mais n'en déplaise

à ce grand homme, la terre berrichonne et ses habitants discrets, matois même avec une soi-disant imagination lente, ont bien su tirer leur épingle du jeu et offrir aux dictionnaires quelques noms fameux.

« Ce n'est pas une spécialité aussi virulente d'être berrichon que d'être corse ou marseillais et l'emprise de votre province sur vous se traduit moins par des exigences et des vertus terriblement locales, que par une tranquille aptitude à la constance et à la sagesse. » (Jean Giraudoux, « Or dans la nuit ».)

Si l'on fait aujourd'hui un pronostic en vue de décerner le titre du Berrichon le plus célèbre il est possible que nous ayons comme réponse le truculent Gérard Depardieu, natif de Châteauroux. Ce n'est pas le choix de tous. Il y a quelques années, les conseillers généraux des deux départements du Cher et de l'Indre avaient décidé de promouvoir le Berry, à travers les deux personnalités jugées emblématiques, une pour chaque département. Et bientôt on trouva sur quelques objets promotionnels un couple étonnant formé par delà les siècles, celui de Jacques Cœur et George Sand. Que la douce Macée, femme du grand argentier n'en conçoive aucune jalousie, ce couple a été très éphémère mais il avait à l'échelle de la célébrité une certaine réalité. Pour George Sand aucune hésitation. Dans l'Indre on est fier de l'écrivain qui nous a laissé, outre ses romans champêtres, vingt-neuf volumes de Correspondance. On aime cette femme, pour sa vie tumultueuse, pour ses amours célèbres, pour ses engagements politiques. Mais on l'aime surtout pour son profond attachement au Berry, à sa Vallée Noire, à son coin de Nohant et à la vallée de la Creuse autour de Gargilesse. On lui est reconnaissant d'avoir fait connaître et partager cet amour aux célébrités parisiennes et d'avoir su inspirer Chopin.

Jacques Cœur, lui c'est la réussite d'un fils de pelletier de Bourges. Devenu, à force de prudence et d'audace, grand argentier puis conseiller du roi, cet homme du XVe siècle, ce mécène nous a laissé son magnifique palais dans Bourges, sa ville natale. Il a perdu toute sa fortune dans un procès inéquitable, mais il a respecté sa devise, *À vaillant Cœur rien d'impossible*, et terminé sa vie en croisé, au service du pape Callixte III, sur l'île de Chio, les armes à la main.

Les Berrichons du Cher auraient pu choisir aussi le romancier magnifique, même si ce n'est que d'un seul roman, Alain-Fournier, tombé à 28 ans dans un bois de la Meuse. Les Berrichons figurant dans nos dictionnaires, écrivains, peintres, sculpteurs, poètes, architectes, sont trop nombreux pour trouver leur place ici, mais on peut tout de même saluer la mémoire d'une autre femme : Marguerite Audoux, l'orpheline de Sancoins, exemple de courage, devenue prix Femina en 1910 avec son roman *Marie-Claire*. Bien peu de lectrices du magazine féminin du même nom savent que le titre de ce dernier vient du roman de la petite Berrichonne. Un militaire célèbre, le général Bertrand, remporte, lui, la médaille de la fidélité. « *Il faut féliciter Châteauroux de ce que son principal monument soit tout autant celui d'un général, celui de la fidélité et de l'amitié.* » (Jean Giraudoux.) Il a suivi Napoléon à Sainte-Hélène et est resté à ses côtés jusqu'au décès de l'Empereur.

Si l'on a évoqué le patrimoine naturel du Berry, le patrimoine architectural est immense. La cathédrale Saint-Étienne de Bourges en est la figure de proue. Ce monument classé patrimoine mondial de l'humanité dégage une telle sérénité que le visiteur ressort ému de tant de perfection. Mais à côté de cet élément essentiel, les humbles églises romanes de nos campagnes, très nombreuses, sont d'une richesse incroyable avec leurs fresques et leurs chapiteaux.

Le Moyen Âge a parsemé le pays de forteresses médiévales de qualité mais la ruine du magnifique château de Mehun-sur-Yèvre, résidence du duc Jean de Berry découverte en contemplant ses *Riches Heures*, laisse quelques regrets. La Renaissance a remanié les vieilles forteresses de Meillant, Villegongis ou Valençay. Bouges est une merveille classique. Du patrimoine il y en a pour tous les goûts et de toutes les époques. Le patrimoine industriel est lui aussi de qualité et commence à être mis en valeur, que cela soit à Argenton-sur-Creuse, à Vierzon et dans la vallée de l'Aubois.

Les sorcières sont au musée et dans les romans, elle sont moins systématiquement associées au Berry et plus souvent à Halloween et il n'y a pas lieu de le regretter. Le Berry est bien réveillé, les Berrichons ont soin d'éviter les mauvais songes et ne prennent plus leurs légendes, rustiques ou non, pour la réalité. Ils ont remisé leurs vieilles peurs, plus de têteaux sur les bords des routes dressant des silhouettes décharnées. Ils ont retrouvé le goût de leur nature préservée et randonnent avec enthousiasme. Dans les forêts, ils connaissent les champignons et les coins de muguet ou de houx. Ils sont amoureux des jardins, surtout fleuris. Ils se promènent dans les parcs d'Apremont, d'Orsan, de Valençay, de Bouges ou d'Azay-le-Ferron, ils sont devenus de grands jardiniers, ils redécouvrent les légumes oubliés à Tranzault, cultivent avec philosophie et avec de douces attentions les plus grosses citrouilles, ils admirent les pommes de terre et les dahlias de Crevant, vont vendanger la vigne conservatoire, replantent des ceps sur les coteaux du Menoux et dégustent les vieilles variétés de pommes à Neuvy. Ce n'est peut-être pas un hasard si le grand paysagiste Gilles Clément, inventeur du jardin en mouvement et du jardin planétaire et natif d'Argenton, a installé son jardin sur les bords de la Creuse, pour admirer en toute quiétude ses « plantes vagabondes ».

Le Berry est beau, il est calme, il est attachant, il doit le rester. La formule consacrée est qu'il n'attire pas mais qu'il retient. Beaucoup de fonctionnaires regrettent leur trop court séjour en Berry, où ils avaient trouvé une véritable qualité de vie, un pays où la culture est toujours, comme la nature, d'une grande proximité. « *Il en est bien peu qui, venus au hasard dans le Berry, ne finissent par s'y établir, ou par le quitter avec peine.* » (Raynal.)

Comme on aimerait que dans le Cher comme dans l'Indre, on puisse dire du Berry comme George Sand le disait de la Vallée Noire : « *Il me semblait que la Vallée Noire c'était moi-même, c'était le cadre, le vêtement de ma propre existence.* »

Christine Méry-Barnabé

« Son aspect extérieur, soyeux et satiné, évoque un minuscule coussin de poupée. Un coussin de petite fille modèle qui aurait choisi les couleurs des robes de fées : or, vert, blanc ou rose. Une légère pression des dents sur la coque brillante et l'on découvre un fondant fourrage praliné, subtil mélange de noisettes, d'amandes et de chocolat. »

Catherine Amor, « Les Bonbons »

Fabrication des Forestines.
Bourges.

◄Les jardins de l'Archevêché
vus depuis les toits de la cathédrale.
Bourges.

Mécanique intime.
Cathédrale de Bourges.

Thierry Desnoix,
forgeron-coutelier. *Bourges.*

Diable flamboyant.
Bourges.

La gare.
Bourges.

◀ Vieux quartiers ▶
Bourges.

Le printemps
de Bourges.

Le palais
Jacques-Cœur.
Bourges.

La Maison de la Culture.
Nouveau rond-point. *Bourges.*

Hôtel des Échevins (musée Estève).
Bourges.

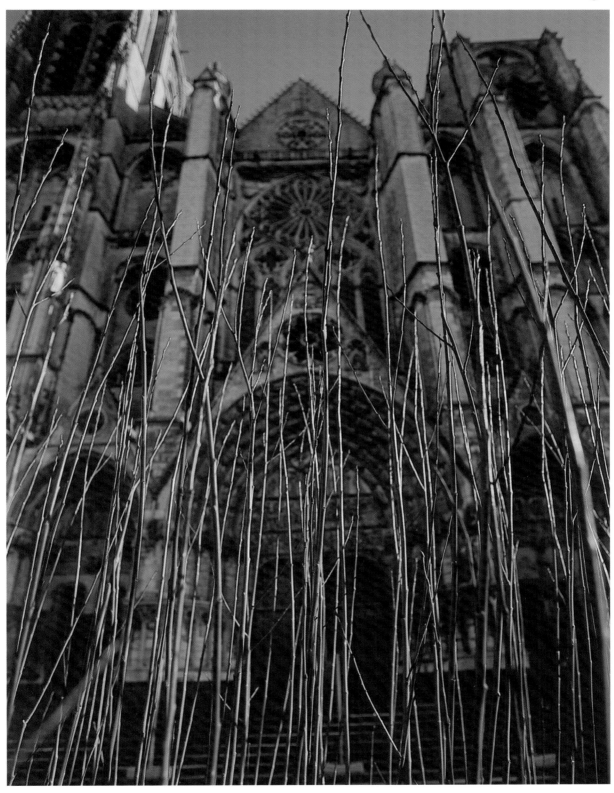

Cabane du pêcheur.
Route de l'Indre.

« *Aussi, moi, pourvu que j'ai un demi-verre de bon vin avec une croûte de pain rassis, je me tiens pour bien traité… Lui et son ami le paysan faisaient durer leurs petits fromages et leurs grandes pintes de vin avec cette majestueuse lenteur, qui est presque un art chez le Berrichon.* »

George Sand,
« *Le Péché de monsieur Antoine* »

Champagne
berrichonne.
Indre.

Relais
radio,
Champagne
berrichonne.
*Saint-Aoustrille,
près d'Issoudun.*

Champagne
berrichonne.
Indre.

« Avant que sur le sol fécond
Pleuve la semence d'automne
Le soc ouvre droit et profond
La bonne terre berrichonne.

Le chant de la glèbe et des cieux
L'air de la liberté, si rude
Qu'il fit tressaillir les aïeux
Trouble l'âme des solitudes. »

Hugues Lapaire

Colza.
Champagne berrichonne.

Charolais.
Indre.

« *Le jour était presque fini… le soleil s'enfonçait dans des nuages blancs, qui bouffaient et se creusaient comme du duvet.* »

Marguerite Audoux, « Marie-Claire »

Crépuscule
Indre.

*Route
de l'Indre.*

Charolais.
Indre.

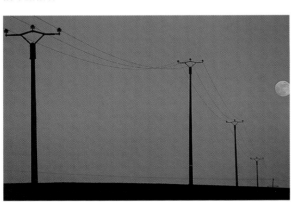

Caroline et Zoé.
Châteauneuf-sur-Cher.

Inspiration automnale…
Cher.

Aube en sous-bois.
Cher.

Dans le parc.
Apremont.

Dans le parc.
Apremont.

23

New York Châteauroux.
Châteauroux.

« *Ô Châteauroux pour la première fois, je connais de toi d'autres rues que celle qui traverse de bout en bout, la seule que nous suivions pour les promenades. Je prends toutes les rues transversales, je te bouscule, je te décoiffe,* je t'aime comme une chevelure où la raie toujours fut au milieu et dont enfin l'on se venge en riant. Tout ce que l'on me défendit enfant, je me l'accorde.* »

Jean Giraudoux, « *Adorable Clio* »

Plein soleil Équinoxe.
Châteauroux.

Céramique de l'atelier
d'Anne-Marie
Delloye-Thoumyre
Châteauroux.

« *Ces deux figures représentaient peut-être le
Printemps et l'Automne. Quoi qu'il en soit, ces
deux personnages... me causaient une vive
impression. Ils étaient peut-être aussi pacifiques
et aussi insignifiants l'un que l'autre ; mais
dans mon cerveau, ils offraient le contraste bien
tranché de la gaieté et de la tristesse, de la
bienveillance et de la sévérité...* »

George Sand, « Histoire de ma vie »

HOTEL DE VILLE

LIBERTÉ . EGALITÉ . FRATERNITÉ .

Une vraie place de la République.
Châteauroux.

27

Des fleurs pour l'Art nouveau.
Châteauroux.

La nouvelle vague. ▶
Les Cordeliers, Châteauroux.

La flèche.
Issoudun.

Le bonheur
est dans le pré.
Indre.

Route de l'Indre.
Champagne berrichonne

« *Tout autour, c'est la Champagne monotone, assez fraîche en ce moment avec ses moissons naissantes et ses taillis où les bourgeons s'entrouvent, mais que l'été rendra aride et pelée.* »

Ardouin Dumazet, « Voyage en France : Berry et Poitou oriental »

Les foins à l'ancienne.
Vers Issoudun.

Les arbres de Jessé dans la chapelle
de l'hospice Saint-Roch. *Issoudun.*

L'apothicairerie.
Issoudun.

« Les bâtiments d'un vaste hospice, des flèches
d'église, un campanile, donnent du caractère
à l'amphithéâtre irrégulier des toits gris. »

Ardouin Dumazet, « Voyage en France :
Berry et Poitou oriental »

Voyage intérieur.
Issoudun.

L'hospice Saint-Roch
et le pont sur la Théols.
Issoudun.

« *Au bruit du cheval, l'enfant se dressa du fond d'un des ruisseaux qui, vus du haut d'Issoudun, ressemblent à des rubans d'argent au milieu d'une robe verte… Rabouiller est un mot berrichon qui peint admirablement ce qu'il veut exprimer : l'action de troubler l'eau d'un ruisseau en la faisant bouillonner à l'aide d'une grosse branche d'arbre dont les rameaux sont disposés en forme de raquette. Les écrevisses effrayées par cette opération, dont le sens leur échappe, remontent précipitamment le cours d'eau, et dans leur trouble se jettent au milieu des engins que le pêcheur a placés à une distance convenable.* »

Honoré de Balzac, « *La Rabouilleuse* »

L'âne Chocolat.
Campagne d'Issoudun.

Toujours le sourire.
Campagne d'Issoudun.

Vitrail.
Vierzon.

Église Notre-Dame.
Vierzon.

« *Le noyau du Vierzon primitif est un quartier
aux rues étroites montueuses, conservant des traces
du passé. C'est encore le cœur de la ville, là sont
les principaux magasins, là se tient le marché.* »

**Ardouin Dumazet, « *Voyage en France :
Berry et Poitou oriental* »**

… et au milieu coule une rivière… l'Yèvre.
Vierzon.

Plan d'eau.
Vierzon.

Notre-Dame. ▸
Vierzon.

« *Le Cher coule loin des rues actives. Il reçoit l'Yèvre qui n'est ici qu'une sorte d'épanouissement du canal ; entre les deux rivières s'étend un faubourg populeux.* »

Ardouin Dumazet,
« *Voyage en France : Berry et Poitou oriental* »

Plan d'eau.
Vierzon.

Reflet.
Le Blanc.

Sur le pont de Romefort, la Creuse.
Ciron.

« *Là, sur cette contrée obscurément heureuse*
Et du monde oubliée, nous dirons à la Creuse :
Source vierge, âme errante en ce vallon tranquille,
Ne va point à la mer, ne va point à la ville.
Enferme en nos déserts tes destins et tes flots :
Reste avec deux amis ; longtemps leur paix profonde
Verra tes bords en fleurs et le ciel de ton onde… »

Henri de Latouche, « Poésies »

41

◄ La Loire à Sancerre.
Sancerre.

Le vigneron du ciel.
Sancerre.

« *Sur son mont isolé, au pied de son donjon, Sancerre, semblable encore à une ville forte, est comme assiégée par le vignoble reconstitué. Toutes les pentes sont couvertes de pampres amoureusement soignés.* »

Ardouin Dumazet, « Voyage en France : Berry et Poitou oriental »

Escapades.
Sancerre.

Les ruines du château du duc de Berry.
Mehun-sur-Yèvre.

Un homme
heureux ?
Mehun-sur-Yevre.

« *Quels services ne rend-il pas, en effet, à la
société, cet homme sobre et patient que rien
ne rebute, et qui porte l'effort constant de sa
vie dans des solitudes où nul autre que lui
voudrait planter sa tente ?* »

George Sand,
« ***Promenades autour d'un village*** »

Les ruines du château de Jean de Berry.
Mehun-sur-Yevre.

Promenade au bord de l'Yèvre.
Vers Mehun-sur-Yèvre.

« Et je tiens ma perche de jonc
Patient comme un séraphin.
Mon liège a fait plus d'un plongeon
Dans l'onde au lit de sable fin.

Derrière moi le vieux donjon ;
Devant, un horizon sans fin.
Un brochet dort comme un dauphin
À fleur d'eau près d'un sauvageon.
Mon liège fait plus d'un plongeon. »

  Maurice Rollinat, « Dans les brandes »

Partie de pêche au bord de l'Yèvre.
Mehun-sur-Yèvre.

Cheminée aux armes
d'Anne de Bretagne et de Louis XII.
Château d'Ainay-le-Vieil.

« *Continuons d'aller vers le sud et frappons, l'enceinte de tours franchie, à la porte d'un délicieux logis enrichi de tous les ornements de la dernière époque gothique.*

Une cheminée revêtue des emblèmes royaux et de lettres fleuronnées nous montre l'art sculptural du XVᵉ siècle à son apogée, presque à son excès, à ce point où toute habilité étant acquise et toutes difficultés vaincues la marche ascendante devenait impossible. »

A. Buhot de Kersers, « Histoire et statistique monumentale du département du Cher »

Le château.
Ainay-le-Vieil.

La châtelaine et le cygne.
Ainay-le-Vieil.

« Une partie du château a perdu, à la fin du XVe siècle, son aspect sombre et sévère. Les courtines furent alors percées de hautes et larges fenêtres et leurs toits décorés de lucarnes ; on appuya contre les parois intérieures un corps de logis destiné à l'habitation ; on réunit toutes les élégances, toutes les habiletés artistiques de cette curieuse époque. »

A. Buhot de Kersers, « Histoire et statistique monumentale du département du Cher »

L'Allier.
Apremont.

Jardins d'Apremont,
chez Gilles de Brissac. *Apremont.*

« Être possédé du goût de la nature sera d'un grand secours pour le novice. Il vaincra fort tôt ce qui peut sembler pénible dans l'office de remuer la terre, la terre énigmatique et souvent sourde aux premières tentatives d'un étranger. Je vous affirme pourtant que la patience est bientôt récompensée. »

Jean de Boschère, « *Le Pays du merle bleu* »

Les jardins.
Apremont.

Voyage intérieur.
Parc d'Apremont.

« *La nature est tout ce qu'on voit,*
Tout ce qu'on veut, tout ce qu'on aime
Tout ce qu'on sait, tout ce qu'on croit,
Tout ce que l'on sent en soi-même.

Elle est belle pour qui la voit
Elle est bonne à celui qui l'aime
Elle est juste quand on y croit
Et qu'on la respecte en soi-même. »

George Sand, « Poèmes »

55

Porte ouverte sur des souvenirs
de bistrot d'antan. *Village d'Apremont.*

« C'est une nature qui ne se farde en rien, et qui s'ignore elle-même. Il n'y a pas là d'exubérance irréfléchie, mais une fécondité patiente et inépuisable... On peut dire de cette nature qu'elle possède une aménité grave, une majesté ravie et douce et qu'elle semble dire à l'étranger qui la contemple : "Regarde-moi si tu veux, peu m'importe. Si tu passes bon voyage ; si tu restes, tant mieux pour toi." »

George Sand « La Vallée Noire »

Campagne en Vallée Noire.
Indre.

« *Ce n'est pas une spécialité aussi virulente d'être berrichon que d'être corse ou marseillais, et l'emprise de votre province sur vous se traduit moins par des exigences et des vertus terriblement locales que par une tranquille aptitude à la constance et à la sagesse.* »

Jean Giraudoux, « *Or dans la nuit* »

16 h 02.
Argy.

◄*Bannegon.*

« *Les belles coiffes de dentelles et de broderies sont devenues des objets de musée. S'il en reste quelques-unes dans les armoires, on ne les sort plus que pour des reconstitutions d'anciennes* coutumes. *La coiffe était condamnée le jour où les grandes dames se refusèrent à la porter…* »

Vincent Détharé,
« ***Chroniques de folklore berrichon*** »

La cuisine sarrazine.
Bannegon.

Promenade.
La Borne.

Le four.
La Borne.

« *Il faut une perpétuelle attention pour donner à un pot, même s'il doit ne servir qu'à mettre des confits d'oie, un galbe agréable à l'œil.*
Cette terre noire, le soleil la blanchit et le four lui donne les roses de la vie. »

Jacques des Gachons, « Le Berry »

La saison du plaisir.
La Borne.

« *La Borne n'a conservé d'ancien que le mode de fabrication de ses poteries, auxquelles l'imperméabilité de leur pâte et leur couverte assurent un débit croissant.* »

A. Buhot de Kersers, « Histoire et statistique monumentale du département du Cher »

Jardin des Thés.
La Borne.

Il était une fois…
Château de Boucard.

« *Un pont qui ne se lève plus enjambe un large fossé encombré par une forêt de roseaux, maquis des grenouilles ; une voûte sous le donjon et c'est la cour d'honneur avec ses trois bâtiments et sur la dernière face, une balustrade et une douve permettant au regard de s'étendre sur les arbres, la vallée, les prairies tachées de vaches blanches.* »

Jacques des Gachons, « *Le Berry* »

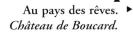
Au pays des rêves. ▶
Château de Boucard.

Esprit, es-tu là ?
Château de Boucard.

Le petit matin de
l'artisan boulanger.
Farges-Allichamps. ▶

« *Le repas du soir réunissait tout le monde… Les jeunes mordaient à pleines dents dans leur pain, tandis que les vieux coupaient précieusement chaque bouchée. Tous mangeaient en silence, et le pain bis paraissait plus blanc dans leurs mains noires… Les jeunes causaient avec Martine la grande bergère. C'était elle qui donnait le pain et versait le vin.* »

Marguerite Audoux, « Marie-Claire »

La petite Morgane.
Chaillac.

« Le pont a l'arche de travers ;
L'Anglin sur le roc qu'il burine
Chante et dans la gorce voisine
Cognent les geais et les piverts.

Au bord de cette eau qui s'attarde
Bavardant avec les cailloux
Errent des mouches aux vols fous,
Réseau ténu qu'un rayon farde.

Un hydromètre au corps fluet
File et danse son menuet
Rigide comme un automate

Et le courant clair ou teinté
Reflète la verdure mate
En gardant sa limpidité. »

Le pont et le moulin de
Seillant, sur l'Anglin.
Chaillac.

Émile Vinchon, « Sonnets »

69

Au gré du vent.
Châtillon-sur-Indre.

« *Autour des mares stagnantes et des sources limpides, dans les bruyères comme au bord des fontaines ombragées, dans les chemins creux, sous les vieux saules comme dans la plaine brûlée du soleil, on entend durant la nuit le battoir précipité et le clapotement furieux des lavandières fantastiques… Les lavandières sont les âmes des mères infanticides.* »

George Sand, « Légendes rustiques »

En plein air.
Châtillon-sur-Indre.

Le clocher en sentinelle.
Châtillon-sur-Indre.

« Aurore Sand m'apporta une belle poulette de la rouge race orpington, et venue sans escale du château de Nohant. Avant que je n'eusse les trois élèves emplumées, notre amie m'avait envoyé un coq fier et peint des magnifiques couleurs propres aux métis enluminés. Ce coq, décor vivant, mais vorace, naquit pour finir victime des basses altitudes du grain et de la farine. L'esthétique souvent magicienne, allait-elle faire surgir des repas quotidiens pour le cocteau vêtu de noir, de rouge, de bleu, de vert, de jaune ? Hélas ! Il fallut rôtir le jeune seigneur. »

Jean de Boschère, « Le Pays du merle bleu »

71

De couleur et de verre.
Châtillon-sur-Indre.

« *La menthe et le cresson, les glaïeuls et les joncs*
Couvrent l'étroit pacage où pleure la fontaine ;
Entre les deux coteaux de bruyère et d'ajoncs
Sanglote à petit bruit cette source lointaine…
L'humble ruisseau s'écoule au fond du val désert
Et roule un flot timide au chant mélancolique…
Dans un espace clair où tout est découvert
Se répand le parfum de la grande angélique. »

Th. Panis, « L'Oncle François »

À la source de l'Indre.
Saint-Priest-la-Marche.

◄Sous les toits du château.
Culan.

Culan emmitouflé.
Culan.

« *Nous sommes les amoureux de la Creuse, et quand nous avons trois jours de liberté, nous te fuyons pour aller tremper le bout de nos doigts dans les petits flots mutins de la naïade de Châteaubrun et de Crozant.* »

George Sand,
« *Promenades autour d'un village* »

Quelques naïades.
Lac d'Éguzon.

« Quoi mes rochers moussus, mes ruines altières
Qui celez dans vos flancs l'âme du souvenir,
Vous bouquets de fougères ardentes, vous bruyères,
Qui pour mon cœur épris d'un coloris si fin
Broyez votre couleur dans beaucoup de parfum ;
Toi vieux moulin discret, vous grèves familières,
Où la Creuse, en chantant sur les cailloux
*   brillants,*
Berçait plaintivement la joie ou la tristesse ;

Dans un lac immobile où la force paresse,
On ensevelirait vos charmes souriants ?
Ne pleurez pas mon doux poète,
C'est un progrès une conquête !
Sur le grand lac ainsi formé
On canotera tout l'été,
On organisera des courses
Promesses de belles ressources… »

Michel Guillemont, *« La Muse qui rit »*

Sport de glisse.
Lac d'Éguzon.

« Je continuai mon chemin vers Valençay, j'y arrivai aux flambeaux ; je crus entrer dans une demeure enchantée. Il y a un corps de logis le plus beau et le plus magnifique du monde ; le degré y est très beau et l'on arrive par une galerie à arcades qui a du magnifique. »

Mademoiselle de Montpensier, « Mémoires »

Un dernier repos.
Valençay.

« Monsieur de Talleyrand, je veux que vous achetiez une belle terre, que vous y receviez brillamment le corps diplomatique, les étrangers marquants, qu'on ait envie d'aller chez vous et que d'y être invité soit une récompense pour les ambassadeurs des souverains dont je suis content. »

Bonaparte, Premier Consul

79

Pour une pyramide.
Fromage de chèvre et vin de Valençay.

« Au mois de mai, maître Sylvain ajouta une chèvre à mon troupeau… Cette chèvre était plus difficile à garder que le troupeau tout entier. Elle fut cause que mes moutons entrèrent dans l'avoine, qui était déjà haute… C'était une chèvre toute blanche, et j'avais tout de suite trouvé qu'elle ressemblait à Madeleine. Elle avait comme elle les yeux très éloignés l'un de l'autre. Lorsque je la forçais à sortir des sapins, elle me regardait longtemps sans bouger les yeux. On la laissa en liberté autour de la ferme, et elle disparut un jour sans qu'on pût jamais savoir ce qu'elle était devenue. »

Marguerite Audoux, « Marie-Claire »

Juste pour la photo !
Valençay.

« *Si les trois tours sont coiffées d'énormes casques d'ardoise qui n'ont pas l'heur de plaire à quelques critiques d'art, personne ne s'avise de railler le donjon. C'est un semblant de forteresse, un pastiche tardif du Moyen Âge romantique, un magnifique pavillon, énorme cube de pierre du pays, orné à chaque angle d'une petite tour et terminé par un toit aigu d'où surgissent dix belles fenêtres à meneaux croisés, à couronnement ondulés, et deux monumentales cheminées à pilastres et frontons.* »

Jacques des Gachons, « Le Berry »

Numéro complémentaire…
Valençay.

« *Madame l'Hôtesse !*
   qu'on m'apporte du bon vin,
Qu'on m'apporte du bon vin
Là sur la table ronde,
Pour boire jusqu'au matin
Tirelin
Puisque ma femme gronde ! »
   « ***La Femme du Yapi*** », *chanson berrichonne*

À l'ombre du clocher mystère.
Berry.

Les vieilles tanneries
sur les bords de l'Indre. *La Châtre.*

La vigne de la commune
libre du P'tit Mur. *La Châtre.*

Maison à pans de bois.
La Châtre.

Les vieux quartiers vus des bords
de l'Indre. *La Châtre.*

87

Bellebouche-sur-Mer.
Étang de Bellebouche.

« *Entre ses mamelons s'étale un des plus grands étangs de la Brenne, celui de Belle-Bouche, long de plus de deux kilomètres.* »

« *Il disparaît en partie sous les roseaux, mais les eaux miroitent au milieu.* »

Ardoin Dumazet, « *Voyage en France :*
Berry et Poitou oriental **»**

Au paradis des rainettes.
Étang de la Brenne.

Le château des Maîtres Sonneurs.
Saint-Chartier.

« Nous allions à la messe tous les dimanches… et nous portions notre déjeuner, pour le manger après la messe, dans le vieux château de Saint-Chartier qui touche à l'église… C'était un redoutable manoir, bien entier et bien habitable, quoique dégarni de meubles. Il y avait des salles immenses, des cheminées colossales et des oubliettes que je me rappelle parfaitement… C'est une ruine magnifique… qui bravera le temps et les hommes pendant bien des siècles encore… »

George Sand, « Histoire de ma vie »

Le château de Sarzay.
Sarzay, en Vallée Noire.

Baignade en famille.
Saint-Florent-sur-Cher.

◄ Hôtel de ville.
*Saint-Florent-
sur-Cher.*

La fille de juin.
Saint-Florent-sur-Cher.

Un restaurateur inspiré.
Thenay.

Inspirations.
Saint-Gaultier.

« Au-dessus c'est la ligne blanche de ses maisons coiffées de tuiles rousses dominée par l'énorme bâtiment de l'ancien prieuré, fondé au XIIe siècle, devenu par la suite collège. De l'ensemble se détache enfin le robuste clocher de la vieille église romane. »

Jacques des Gachons, « Le Berry »

« *Et nous voici, arrivant par Thenay, en face de la très plaisante petite ville de Saint-Gaultier qui est bâtie à flanc de coteau sur la rive droite de la Creuse et se trouve ainsi exposée en plein midi. Elle offre, en été, le spectacle de ses balcons fleuris et de ses jardins en terrasses.* »

Jacques des Gachons, « Le Berry »

Des ronds dans l'eau.
La Creuse à Saint-Gaultier.

« Sa mort me paraît un amoindrissement de l'humanité ; quelque chose manquera désormais à notre concert ; une corde est brisée dans la lyre du siècle… Ce don de tout comprendre et de tout exprimer était la source de sa bonté. C'est le trait des grandes âmes incapables de haïr. Beaucoup la liront, mais bien peu sauront comprendre une pareille sincérité, une si complète absence de déclamation, une si parfaite horreur de la pose et de la phrase tant d'innocence d'esprit. Ses œuvres sont vraiment l'écho de notre siècle. On l'aimera, on la recherchera avidement, quand il ne sera plus, ce pauvre XIXe siècle que nous calomnions, mais à qui il sera un jour beaucoup pardonné. George Sand alors ressuscitera et deviendra notre interprète. Le siècle n'a pas ressenti une blessure dont son cœur n'ait saigné, pas une maladie qui ne lui ait arraché des plaintes harmonieuses. »

Ernest Renan, « Le Temps », 1876

« Laissez verdure ».
George Sand.

Chez George Sand. ▶
Nohant.

La chambre bleue, celle
des dernières années de l'écrivain.
Maison de George Sand. Nohant.

« *C'est une table qui ne paie pas de mine, mais c'est une honnête table. Elle n'a jamais voulu tourner. Elle ne parle pas, elle n'écrit pas, elle n'en pense peut-être pas moins… Elle a prêté son dos patient à tant de choses ! Écritures folles ou ingénieuses, dessins charmants ou caricatures échevelées, peinture à l'aquarelle ou à la colle, maquette de tout genre, étude de fleurs d'après nature, à la lampe, croquis de chic ou de souvenirs de la promenade du matin, préparation entomologiques, cartonnage, copie de musique, prose épistolaire de l'un, vers burlesques de l'autre, amas de laines ou de soies de toutes les couleurs pour la broderie, appliques de décors pour un théâtre de marionnettes, costume ad hoc, parties d'échecs ou de piquet, que sais-je ? Tout ce que l'on peut faire à la campagne en famille, à travers la causerie, durant les longues veillées de l'automne et de l'hiver…* »

George Sand, « Autour de la table »

Le salon.
Maison de George Sand. Nohant.

Dans le salon de George Sand.
Nohant.

« En général les habitants de ce département ne sont pas d'une haute stature, ni d'une constitution robuste, leurs formes ne sont pas athlétiques ; leur teint est blafard, leur peau sans coloris, leurs cheveux sont châtain brun, ils ont le regard

Nohant-en-Graçay.

timide, les yeux sans vivacité, leur physionomie a peu d'expression ; leur allure est embarrassée, leur imagination lente, ils n'ont aucun accent mais ils traînent sur les mots… La lenteur forme le fond de leur caractère, ils la portent dans tout ce qu'ils font ; dans leurs travaux, dans leur plaisir, dans leur démarche, dans leur langage. »

Préfet Dalphonse, 1804

L'église.
Saint-Outrille.

« *Nous allions à confesse à jours fixes : chacune passait à son tour ; quand il n'en restait plus qu'une ou deux avant moi, je commençais à trembler. Mon cœur battait à toute volée, et j'avais des crampes d'estomac qui me coupaient la respiration. Puis mon tour arrivé, je me levais, les jambes tremblantes, la tête bourdonnante et les joues froides. Je tombais sur les genoux dans le confessionnal et tout aussitôt la voix marmottante et comme lointaine de M. le curé me rendait un peu confiance. Mais il fallait toujours qu'il m'aidât à me rappeler mes péchés : sans cela, j'en aurais oublié la moitié.* »

Marguerite Audoux, « Marie-Claire »

L'âme de Turner.
La Verrerie.

« Et, tandis qu'un rayon de soleil languissant, le premier et le dernier de la journée, faisait plus pâles nos visages et plus obscure la tombée de la nuit, nous étions là debout, glacés et tourmentés, dans la maison étrange ! »

Alain-Fournier, « *Le Grand Meaulnes* »

M. et Mme Béraud de Vogüé.
La Verrerie.

« Nous sommes en fief écossais, Charles VII ayant fait don d'Aubigny à Jean Stuart, connétable des Écossais en France.
La Verrerie appartient aujourd'hui à la famille de Vogüé, bonne gardienne de ce joyau. »

Jacques des Gachons, « Le Berry »

« Par une petite route bordée de si hautes haies arborescentes qu'on se croirait dans la longue avenue d'un parc mystérieux, on parvient au très charmant, très élégant château de la Verrerie commencé vers 1430 par Jean Stuart. »

Jacques des Gachons, « Le Berry »

◄Détail de la chapelle des Stuarts.
La Verrerie.

Vannier.
Marseille-lès-Aubigny.

Vannerie.
Marseille-lès-Aubigny.

L'atelier d'Élisabeth de Gourcuff.
Tendron.

Atelier de verrier.
Saint-Hilaire-en-Lignières.

Jean-Sylvain Maistre,
facteur de cornemuse.
Cher.

« *Brulette était affolée de voir ce qu'était ce paquet, et Joseph, le défaisant, nous fit voir une musette si grande, si grosse, si belle que c'était, de vrai une chose merveilleuse et telle que je n'en avais jamais vue. Elle avait un double bourdon, l'un desquels ajusté de bout en bout, était long de cinq pieds, et tout le bois de l'instrument, qui était de cerisier noir, crevait les yeux par la quantité d'enjolivures de plomb, luisant comme de l'argent fin, qui s'incrustaient sur toutes les jointures. Le sac à vent était d'une belle peau, chaussée d'une taie d'indienne rayée bleu et blanc.* »

George Sand, « Les Maîtres Sonneurs »

109

Bernard Kerbœuf,
luthier.
La Châtre.

Work in progress…
La Châtre.

« *La mission de l'artiste est de célébrer la douceur la confiance, l'amitié… Mieux vaut une douce chanson, un son de pipeau rustique… que le spectacle des maux réels renforcés et rembrunis encore par les couleurs de la fiction.* »

George Sand, « ***La Mare au diable*** **»**

Vielle de Bernard Kerbœuf.
La Châtre.

« *Dans les repas qui suivent les funérailles, il n'était pas rare d'entendre le vielleux. Il charmait les convives et leur faisait oublier la tristesse.*
La musique transporte donc et ravit le paysan de la Vallée Noire. Elle parle puissamment à son âme. Il oublie tout pour la suivre. Avec elle, on le mène où l'on veut, on lui fait faire ce qu'il ne voudrait pas. Il n'est plus maître de lui. »

Ateliers de restauration
de livres anciens. *Déols.*

Reliure d'art.
Les fers
du relieur.
Déols.

Le rallye Vouzeron.
Forêt des Bertranges.

L'attente. Le rallye Vouzeron.
Forêt des Bertranges.

« *Et la troupe s'élance, chiens, che-*
vaux et chasseurs, à la poursuite du
jeune daguet, sous l'œil admiratif
d'un jeune homme vêtu d'un parka
vert. Il rêve de participer à une
chasse à courre. Mais il n'osera
jamais le demander. Alors il se
contente de venir le jour de la
Saint-Hubert, avec une paire de
jumelles et des provisions, pour
suivre les cavaliers s'il peut. »

Paul Amar, « *Scènes de la vie*
***de province* »**

Le rallye Vouzeron.
Forêt des Bertranges.

Recueillement.
Le cloître de l'abbaye. Noirlac.

Le cloître de
l'abbaye. *Noirlac.*

« Dans la vallée, des hommes pieux, arrachant aux pentes du "Bois Ch'tit" des pierres à la pâleur dorée, avaient bâti pour abriter leur prière et leur travail la Maison-Dieu de Noirlac. »

Jean Favière, « Berry »

L'abbaye.
Noirlac.

« C'est dans un paradis de verdure qu'à été construite, au milieu du XIIe siècle, l'abbaye cistercienne de Noirlac… Saint Bernard n'eût peut-être pas approuvé, dans les galeries du cloître, la multiplicité des arcades en tiers point, encadrant des arcs trilobés surmontés de deux trèfles et d'une rosace, mais quelle joie pour les yeux du curieux d'aujourd'hui ! et pourquoi refuser à la beauté de donner un élan à la prière. »

Jacques des Gachons, « Le Berry »

« *Au milieu de toutes ces faïences et verroterie, flacons, flambeaux, buires, lustres, vases, sans compter les aiguières, coupes ou drageoirs d'or, d'argent, d'ambre ou d'agate ; les sièges cloutés, frangés et lampassés de toutes formes et de toutes dimensions ; les bancs et armoires de chêne sculpté, à grands fermoirs de fer découpés dur fond de drap écarlate ; les rideaux de satin brochés d'or fin, etc. En somme, l'effet général était chatoyant et agréable, bien que cela fût trop* entassé *et que l'on n'osât y remuer, dans la crainte de briser quelque chose.*

La gouvernante annonça tout bas à son maître que le souper était prêt, tandis que le page ouvrait les portes toutes grandes en criant la formule d'usage et que l'horloge du château sonnait sept heures avec carillon de musique à la mode des Flandres. »

George Sand,
« *Les Beaux Messieurs de Bois-Doré* »

Château.
Maupas.

Au château. En toute intimité.
Maupas.

118

« *Demeures de la Route Jacques-Cœur : avez-vous donc une âme ? Comme on les envie en tout cas, ces fières cathédrales qui pointent leur gothique jusqu'aux cieux, ces forts châteaux dont la Renaissance donne au Berry l'accent du Milanais et ces villes qui portent leurs remparts comme autant de rangs de perles.* »

Isabelle, Comtesse de Paris

La poterne du château.
Gargilesse.

« *Nul château n'a une situation plus étrange-ment mystérieuse et romantique… Arbre, place, ravin, herse, église, château et rocher, tout cela se tient et forme, au centre du bourg, un tableau charmant et singulier qui ne ressemble qu'à lui-même.* »

George Sand,
« ***Promenades autour d'un village*** »

Dans le village.
Gargilesse.

Restauration de tableaux.
Indre.

Abbaye de la Prée.
Ségry.

Résidence
d'artistes.
*Abbaye
de la Prée.*

Tatiana Smélova, pianiste en résidence.
La Prée, Ségry.

« Le temps et les animaux en Berry.
On dit qu'il pleuvra lorsque les ânes secouent les oreilles.
On asperge les chevaux, le 27 août, avec l'eau guérisseuse des fontaines de Neuvy et de Vendœuvres, dans l'Indre, afin qu'ils ne soient pas gênés par les mouches. »

Claude Seignolle, « Le Berry traditionnel »

Le cheval Quatre Vents.
Indre.

L'âne Chocolat.
Indre.

« *Des oies devisaient gravement sur le sable des rives.* »

George Sand, « *Voyage chez monsieur Blaise* »

« *Je traversais un lieu découvert où quelques massifs de jeunes arbres coupaient çà et là les verts steppes des pâturages. De grands bœufs d'un blond clair, agenouillés sur l'herbe courte, immobiles, paraissaient plongés dans de paisibles contemplations.* »

George Sand, « *Mauprat* »

◄ Les bonnes copines.
Indre.

En solitaire.
Indre.

Retour du marché.
Saint-Benoît-du-Sault.

Derniers chapeaux.
Saint-Benoît-du-Sault.

Je garde le Portefeuille.
Saint-Benoît-du-Sault.

Un petit coin de paradis.
Saint-Benoît-du-Sault.

« Le Portefeuille court et jase,
Reflétant sur ses bords moussus
Tous les rayons qu'il a reçus
En son lit caillouteux, sans vase. »

Émile Vinchon, « Sonnets »

Matin d'hiver.
Sagonne.

Siffler en travaillant.
Sagonne.

Au cœur du village.
Sagonne.

« *Le Berry n'est pas doué d'une nature éclatante. Ni le paysage ni l'habitant ne sautent aux yeux par le côté pittoresque, par le caractère tranché. C'est la patrie du calme et du sang-froid. Homme et plantes, tout y est tranquille, patient, lent à mûrir.* »

George Sand,
« *Promenades autour d'un village* »

Vieux lavoir.
Sagonne.

Campagne berrichonne.
Boischaut.

Entre Cher ▶
et Indre.

Église.
Fussy.
▼

▲
Réflexion faite.
Fussy. ▶

Enfin seul.
Buzançais.

Le pêcheur de l'Indre.
Buzançais.

132

« *L'homme de feu est aussi nommé casseu' de bois. Dans les nuits brumeuses, il frappe à coups redoublés sur les arbres et les garde-forestiers, convaincus qu'ils ont affaire à d'audacieux voleurs de bois, courent au bruit. Mais chose étrange, ces grands arbres que l'on entendait crier sous les coups et qu'on s'attendait à trouver profondément entaillés, n'en portaient pas la moindre trace.* »

George Sand, « *Légendes rustiques* »

Route de l'Indre.

« *Le château est composé d'une tour d'entrée toute féodale, d'un corps de logis tout nu percé de fenêtres très espacées, avec deux autres corps en retour, l'un desquels est flanqué d'un donjon.* »

George Sand, « *Les Beaux Messieurs de Bois Doré* »

*Vers l'ouest.
Indre.*

133

No man's land.
Vers Châtillon-sur-Indre.

Coup de pompe.
Nohant-en-Graçay.

English man in Valençay.
Valençay.

Le fier chevalier.
Blancafort.

« Que sont devenus ces fiers guerriers qui hantaient nos campagnes ? Ils reposent sous les pierres de nos chapelles et se rappellent à nos souvenirs par quelques inscriptions et par l'ombre de leurs forteresses qui dominent les vals. »

Jacques des Gachons

Château de Rivarennes.
Indre.

Une hirondelle ne fait pas le printemps.
Indre.

« *Sur leur gauche, le soleil… en vernissant les eaux de pêche, d'abricot, de sang et de pourpre, usait en une heure une série complète de nuances par une opération familière aux couturiers…* »

Jean Giraudoux, « La Grande Bourgeoise »

À deux pas.
Châtillon-sur-Indre.

Galerie Capazza. ▶
Nançay.

« *C'est une massive tour rectangulaire flanquée au dehors de deux demi-cylindres verticaux. La tour de pierre atteint une hauteur de 16,80 m. La partie de bois a une hauteur de 23,30 m et la hauteur totale est d'environ 40 m sans compter une longue girouette haute de 5 m.* »

A. Buhot de Kersers, « *Histoire et statistique monumentale du départemnt du Cher* »

Le beffroi.
Dun-sur-Auron.

Le château.
Meillant.

La Borne.

Achevé d'imprimer : novembre 2002

Imprimeur : Imprimerie Corlet, Condé-sur-Noireau

Éditeur : Éditions du Berry Magazine - S.E.P.P.

Conception graphique et mise en pages : Scoop Communication, 45160 Olivet, France

ISBN : 2-9517634-8-4

Dépôt légal : 4ᵉ trimestre 2002